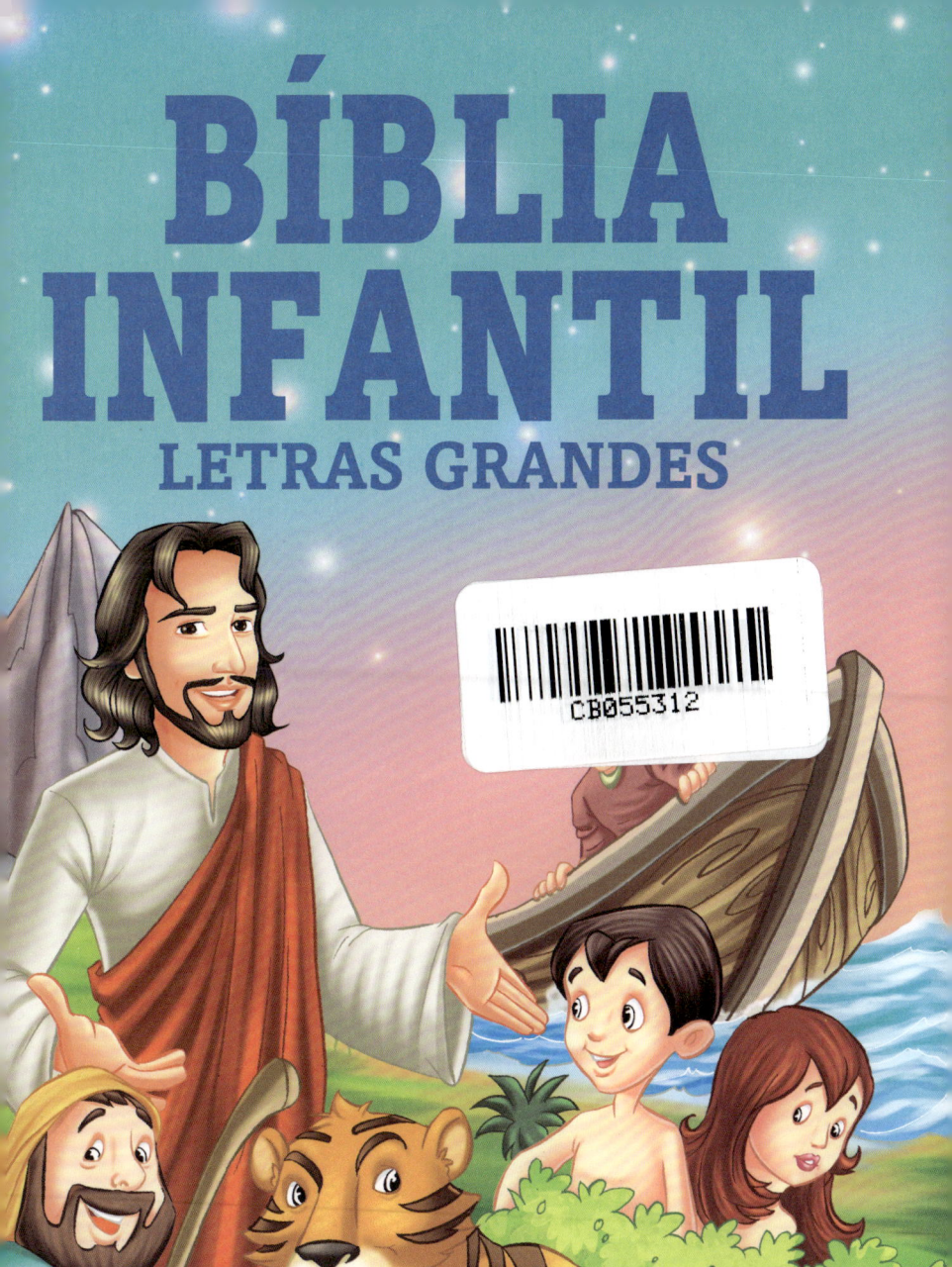

BÍBLIA INFANTIL
LETRAS GRANDES

CONHEÇA NOSSO LIVROS
ACESSANDO AQUI!

Copyright desta tradução © IBC - Instituto Brasileiro De Cultura, 2023

Reservados todos os direitos desta produção, pela lei 9.610 de 19.2.1998.

3ª Impressão 2025

Presidente: Paulo Roberto Houch
MTB 0083982/SP

Coordenação Editorial: Priscilla Sipans
Coordenação de Arte: Rubens Martim
Tradução e adaptação: Gabriel Hernandez (estagiário)

Vendas: Tel.: (11) 3393-7727 (comercial2@editoraonline.com.br)

Foi feito o depósito legal.
Impresso na China.

Dados Internacionais de Catalogação na Publicação (CIP)
de acordo com ISBD

K52b   King Books

        Bíblia Infantil - Letras Grandes / King Books. – Barueri :
        King Books, 2023.
        44 p. ; 14cm x 21cm.

        ISBN: 978-65-981421-0-0

        1. Literatura infantil. 2. Bíblia. I. Título.

2023-2723   CDD 028.5
                                                CDU 82-93

Elaborado por Vagner Rodolfo da Silva - CRB-8/9410

IBC — Instituto Brasileiro de Cultura LTDA
CNPJ 04.207.648/0001-94
Avenida Juruá, 762 — Alphaville Industrial
CEP. 06455-010 — Barueri/SP
www.editoraonline.com.br

SUMÁRIO

NO INÍCIO 7
A CRIAÇÃO DE ADÃO E EVA 11
UM GRANDE PROBLEMA 15
UM DIA TRISTE 18
DOIS IRMÃOS 22
O NASCIMENTO DE JESUS 27
OS REIS MAGOS 31
JESUS NO TEMPLO 34
JOÃO BATISTA 39
JESUS ESCOLHE SEUS DISCÍPULOS 42
SOBRE ESTE LIVRO 48

NO INÍCIO

HÁ MUITO TEMPO, NÃO EXISTIA O UNIVERSO. NÃO EXISTIAM PLANTAS NEM ANIMAIS. NADA EXISTIA, EXCETO DEUS. NO PRIMEIRO DIA, DEUS DISSE: — QUE HAJA LUZ. — DEUS CHAMOU A CLARIDADE DE "DIA" E A ESCURIDÃO DE "NOITE". NO SEGUNDO DIA, ELE FEZ O CÉU. NO TERCEIRO DIA, DEUS SEPAROU A TERRA DA ÁGUA E CRIOU AS FLORES, AS ÁRVORES E A GRAMA.

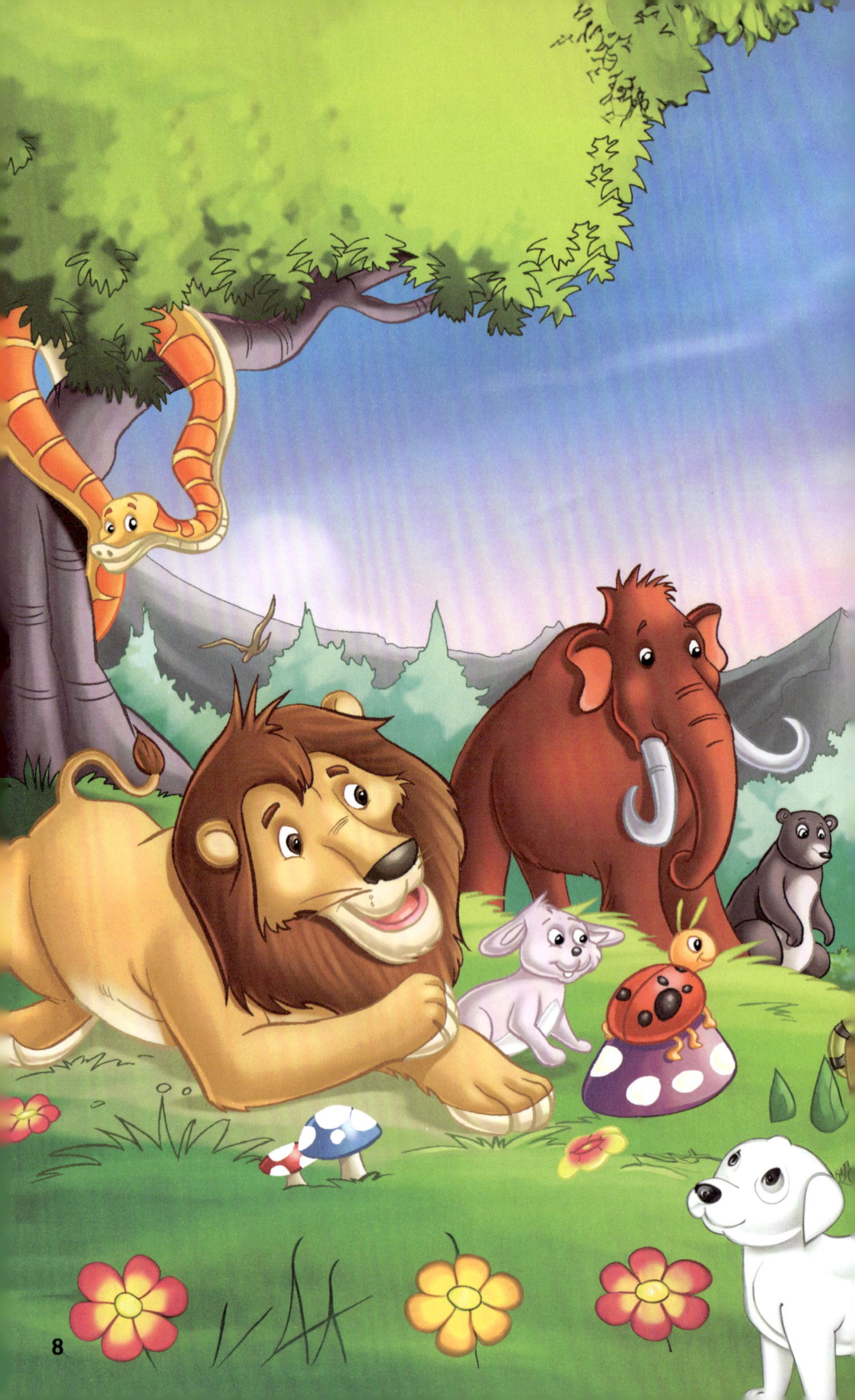

NO QUARTO DIA, DEUS FEZ O SOL, A LUA E AS ESTRELAS. NO QUINTO DIA, OS PÁSSAROS E OS PEIXES FORAM CRIADOS. NO SEXTO DIA, DEUS FEZ OS OUTROS ANIMAIS, COMO AS GIRAFAS, OS ELEFANTES, AS ZEBRAS, OS LEÕES, OS TIGRES E OS URSOS. ELE FEZ OS ALCES COM GRANDES CHIFRES, E OS RATINHOS, OS CASTORES E OS ESQUILOS. NO SÉTIMO DIA, DEUS DESCANSOU E CELEBROU TODO O BOM TRABALHO QUE ELE FEZ.

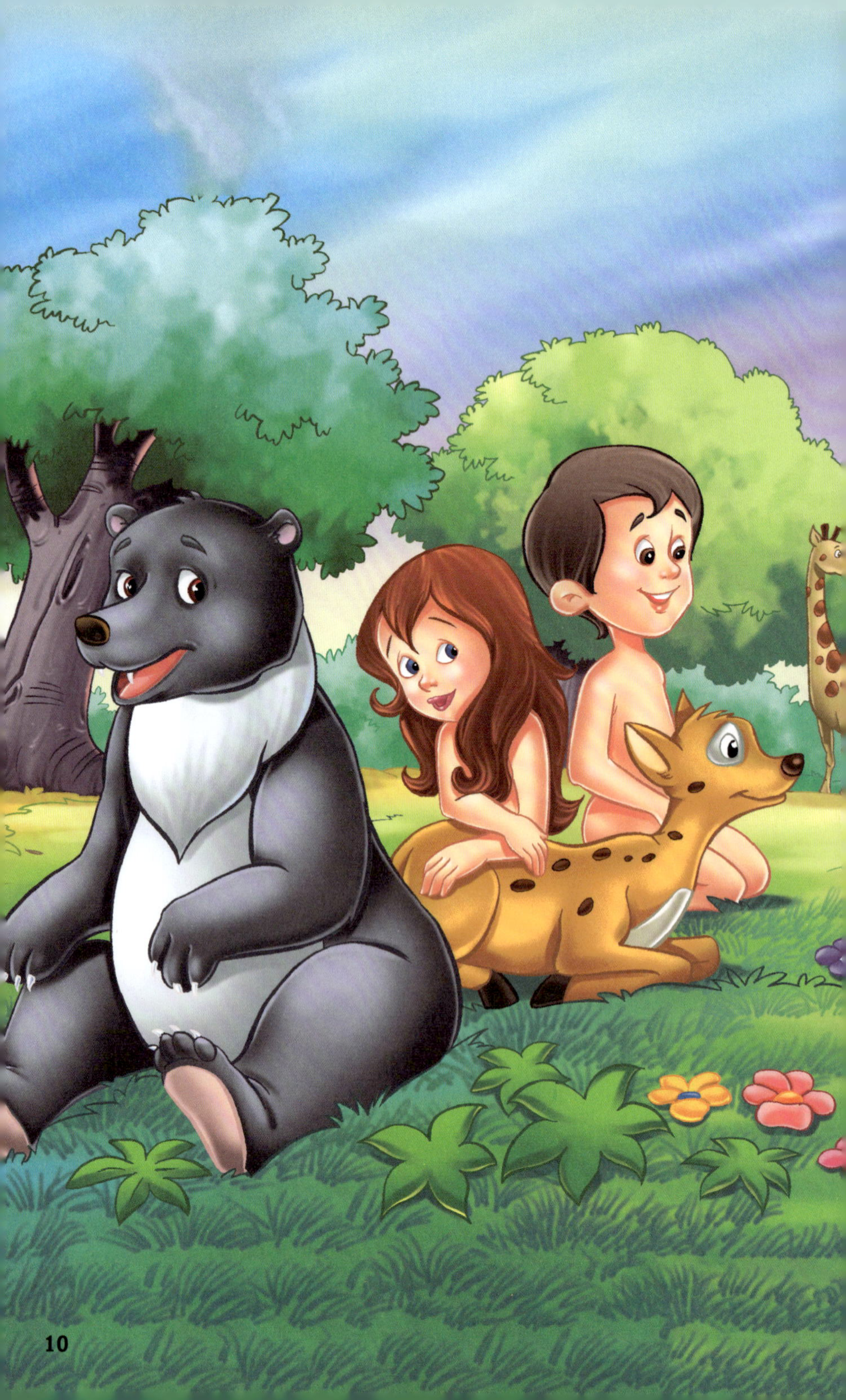

A CRIAÇÃO DE ADÃO E EVA

QUANDO DEUS FEZ A TERRA, ELE OLHOU E VIU QUE NÃO HAVIA NINGUÉM PARA TOMAR CONTA DELA. ENTÃO, ELE FOI ATÉ O SOLO E PEGOU UM POUCO DE TERRA NAS MÃOS PARA FORMAR UM HOMEM. DEUS O CHAMOU DE ADÃO. ENTÃO, ELE CRIOU UMA MULHER E A CHAMOU DE EVA. DEUS FEZ UM JARDIM DE MORADA PARA OS DOIS.

ELE CHAMOU O LUGAR DE JARDIM DO ÉDEN. NO MEIO DO JARDIM, DEUS PLANTOU DUAS ÁRVORES ESPECIAIS: UMA CHAMADA DE ÁRVORE DA VIDA, E A OUTRA CHAMADA DE ÁRVORE DO CONHECIMENTO DO BEM E DO MAL. ELE DISSE QUE ADÃO E EVA PODERIAM COMER TODAS AS FRUTAS, MAS NENHUMA DA ÁRVORE DO CONHECIMENTO DO BEM E DO MAL.

13

14

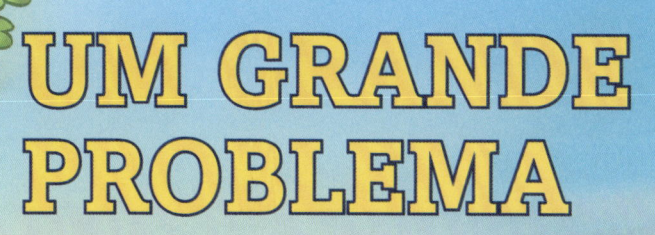

UM GRANDE PROBLEMA

UM DIA, EVA ESTAVA ANDANDO PELO JARDIM. LÁ, ELA CONHECEU A SERPENTE. A SERPENTE DISSE A EVA PARA COMER O FRUTO PROIBIDO. EVA, INFLUENCIADA PELA SERPENTE, COMEU O FRUTO PROIBIDO. ELE ERA DELICIOSO, ENTÃO, ELA OFERECEU PARA ADÃO, QUE ACEITOU SEM RESISTÊNCIA. E ENTÃO, ADÃO ESCUTOU DEUS ANDANDO PELO JARDIM E CHAMANDO POR ELE. — ADÃO, CADÊ VOCÊ?

16

ADÃO E EVA SE ESCONDERAM ATRÁS DAS ÁRVORES PORQUE SABIAM QUE TINHAM DESOBEDECIDO AS ORDENS DE DEUS. DEUS SABIA ONDE ELES ESTAVAM E SABIA TAMBÉM O QUE ELES TINHAM FEITO. DEUS PERGUNTOU A ADÃO O QUE ELE HAVIA FEITO. ADÃO CULPOU EVA E ELA CULPOU A SERPENTE. DEUS FEZ OS DOIS SAÍREM DO JARDIM DO ÉDEN, QUE TINHA SIDO FEITO PARA ELES.

UM DIA TRISTE

DEUS DISSE À SERPENTE:
— POR CAUSA DA MENTIRA E DO TRUQUE QUE VOCÊ FEZ COM AS MINHAS CRIANÇAS PARA ME DESOBEDECEREM, VOCÊ VAI RASTEJAR EM SUA BARRIGA DESTE DIA EM DIANTE, COMENDO POEIRA POR TODA

A VIDA. ENTÃO, DEUS VIROU PARA EVA E DISSE:
— POR TER PECADO E ME DESOBEDECIDO, QUANDO VOCÊ FOR TER UMA CRIANÇA, SERÁ COM SOFRIMENTO. — ENTÃO DISSE À ADÃO:
— POR TER ME DESOBEDECIDO, VOCÊ PRECISARÁ TRABALHAR POR COMIDA E POR COISAS QUE VOCÊ PRECISA.

DEPOIS DISSO, DEUS DISSE AOS DOIS:
— UM DIA VOCÊS MORRERÃO. EU FIZ SEUS CORPOS DA POEIRA DO CHÃO, E UM DIA VOCÊS VOLTARÃO A SER POEIRA DO CHÃO DE NOVO. ENTÃO, DEUS FEZ ROUPAS DE PELE DE ANIMAIS PARA ELES USAREM E SAÍREM DO JARDIM. DEUS COLOCOU UM ANJO COM UMA ESPADA NOS PORTÕES DO JARDIM PARA PROTEGER O LUGAR DO QUE OS PECADOS PODEM FAZER.

21

DOIS IRMÃOS

MESMO QUE ADÃO E EVA TENHAM PECADO, DEUS OS AMAVA. TEMPOS DEPOIS, ELE OS ABENÇOOU COM UM BEBÊ – ELES CHAMARAM O PRIMEIRO BEBÊ DE CAIM. DEPOIS, ELES TIVERAM UM OUTRO

BEBÊ, O PEQUENO IRMÃO DE CAIM, A QUEM ELES CHAMARAM DE ABEL.
QUANDO CAIM FICOU MAIS VELHO, ELE SE TORNOU UM FAZENDEIRO QUE CUIDAVA DA PLANTAÇÃO. QUANDO ABEL CRESCEU, ELE SE TORNOU UM PASTOR QUE CUIDAVA DAS OVELHAS.

UM DIA, CAIM E ABEL LEVARAM PRESENTES PARA DEUS, PARA AGRADECÊ-LO. DEUS FICOU MUITO FELIZ COM O PRESENTE DE ABEL, PORQUE ELE SABIA QUE ABEL ESTAVA REALMENTE AGRADECIDO, MAS DEUS SABIA QUE A INTENÇÃO DE CAIM NÃO ERA BOA, ENTÃO DEUS NÃO FICOU FELIZ COM O PRESENTE DELE. CAIM FICOU BRAVO E MATOU SEU IRMÃO ABEL. DEUS, ENTÃO, ZANGOU-SE COM CAIM. POR CAUSA DO PECADO QUE COMETEU, CAIM DEIXOU SUA CASA E SUA FAMÍLIA.

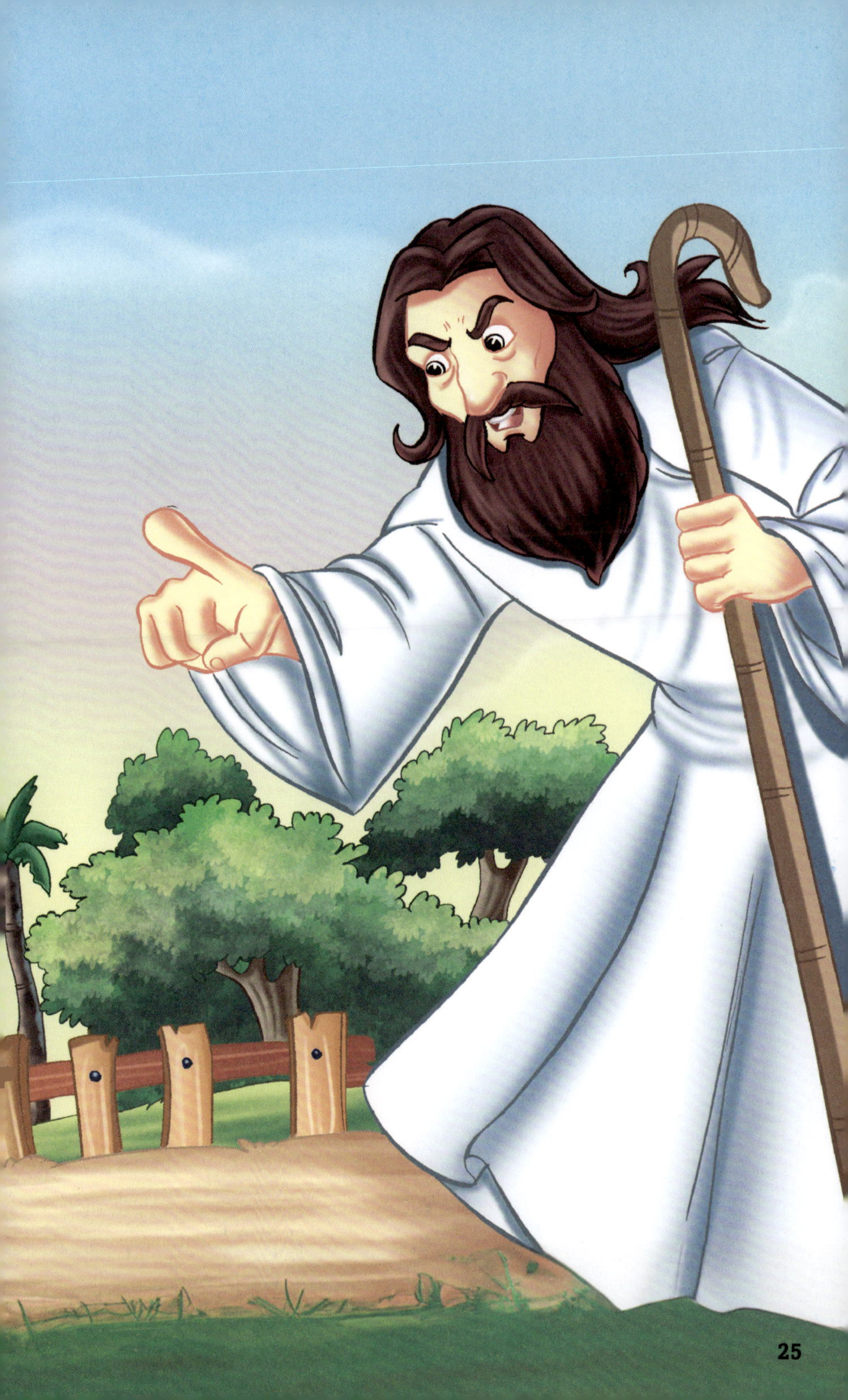

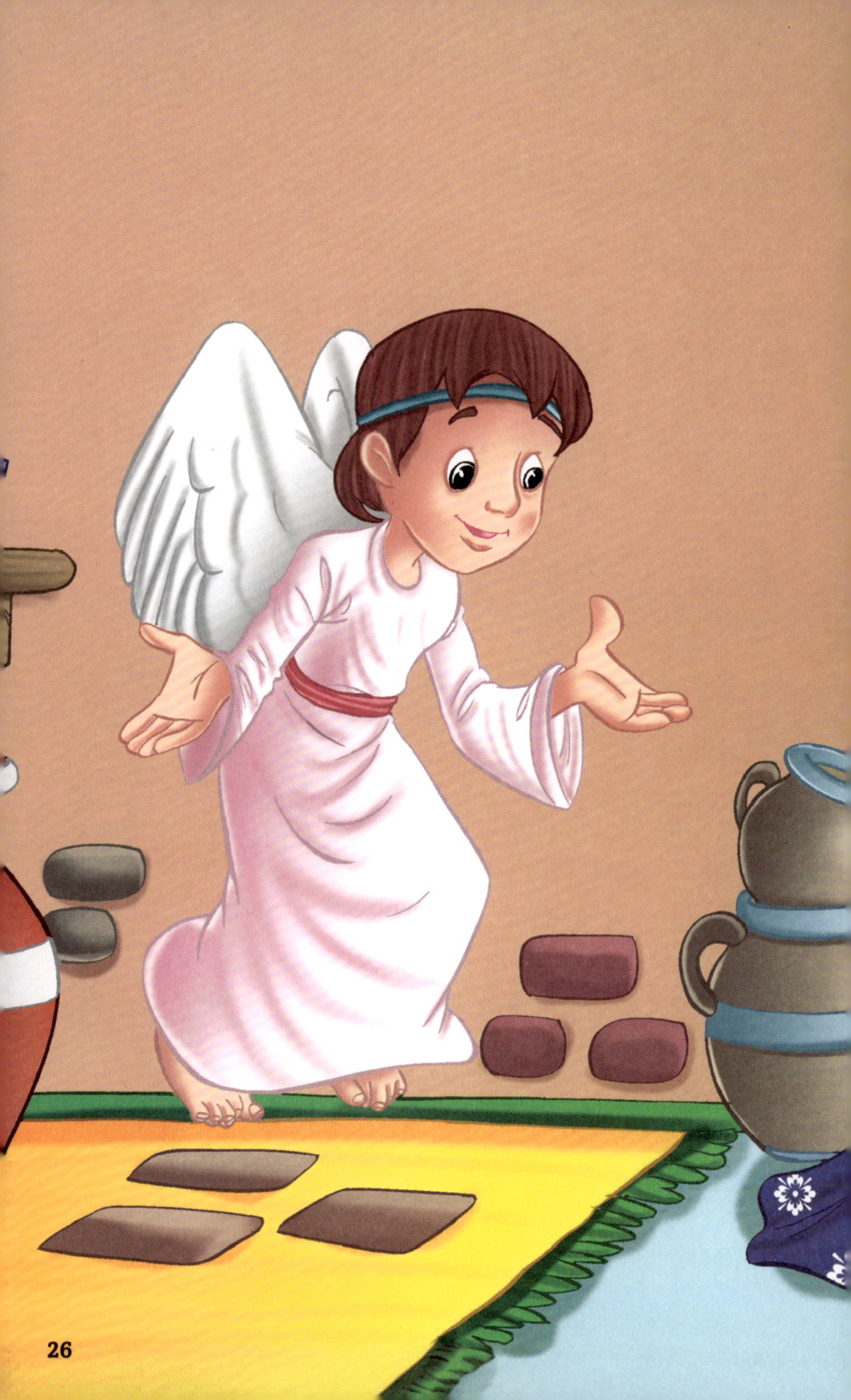

O NASCIMENTO DE JESUS

HÁ MUITO TEMPO, DEUS ENVIOU O ANJO GABRIEL A UMA JOVEM E DOCE DONZELA JUDAICA CHAMADA MARIA. GABRIEL CONTOU PARA MARIA QUE ELA TERIA UM FILHO, JESUS, QUE SERIA O FILHO DE DEUS. MARIA FICOU PREOCUPADA, POIS AINDA NÃO ERA CASADA. ENTÃO, O ANJO DISSE A MARIA QUE A CRIANÇA VIRIA POR DEUS. MARIA ESTAVA NOIVA DE UM HOMEM CHAMADO JOSÉ.

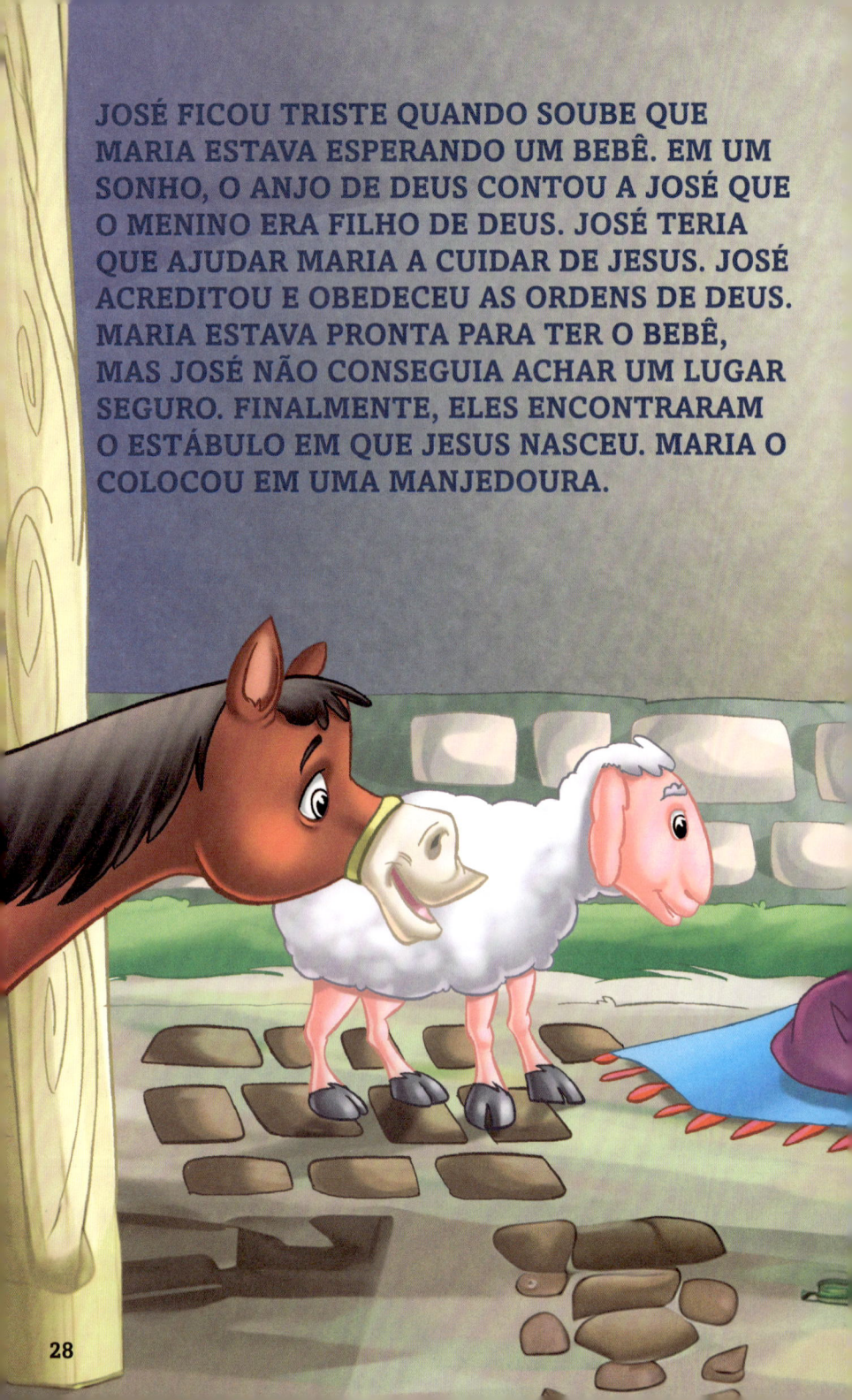

JOSÉ FICOU TRISTE QUANDO SOUBE QUE MARIA ESTAVA ESPERANDO UM BEBÊ. EM UM SONHO, O ANJO DE DEUS CONTOU A JOSÉ QUE O MENINO ERA FILHO DE DEUS. JOSÉ TERIA QUE AJUDAR MARIA A CUIDAR DE JESUS. JOSÉ ACREDITOU E OBEDECEU AS ORDENS DE DEUS. MARIA ESTAVA PRONTA PARA TER O BEBÊ, MAS JOSÉ NÃO CONSEGUIA ACHAR UM LUGAR SEGURO. FINALMENTE, ELES ENCONTRARAM O ESTÁBULO EM QUE JESUS NASCEU. MARIA O COLOCOU EM UMA MANJEDOURA.

29

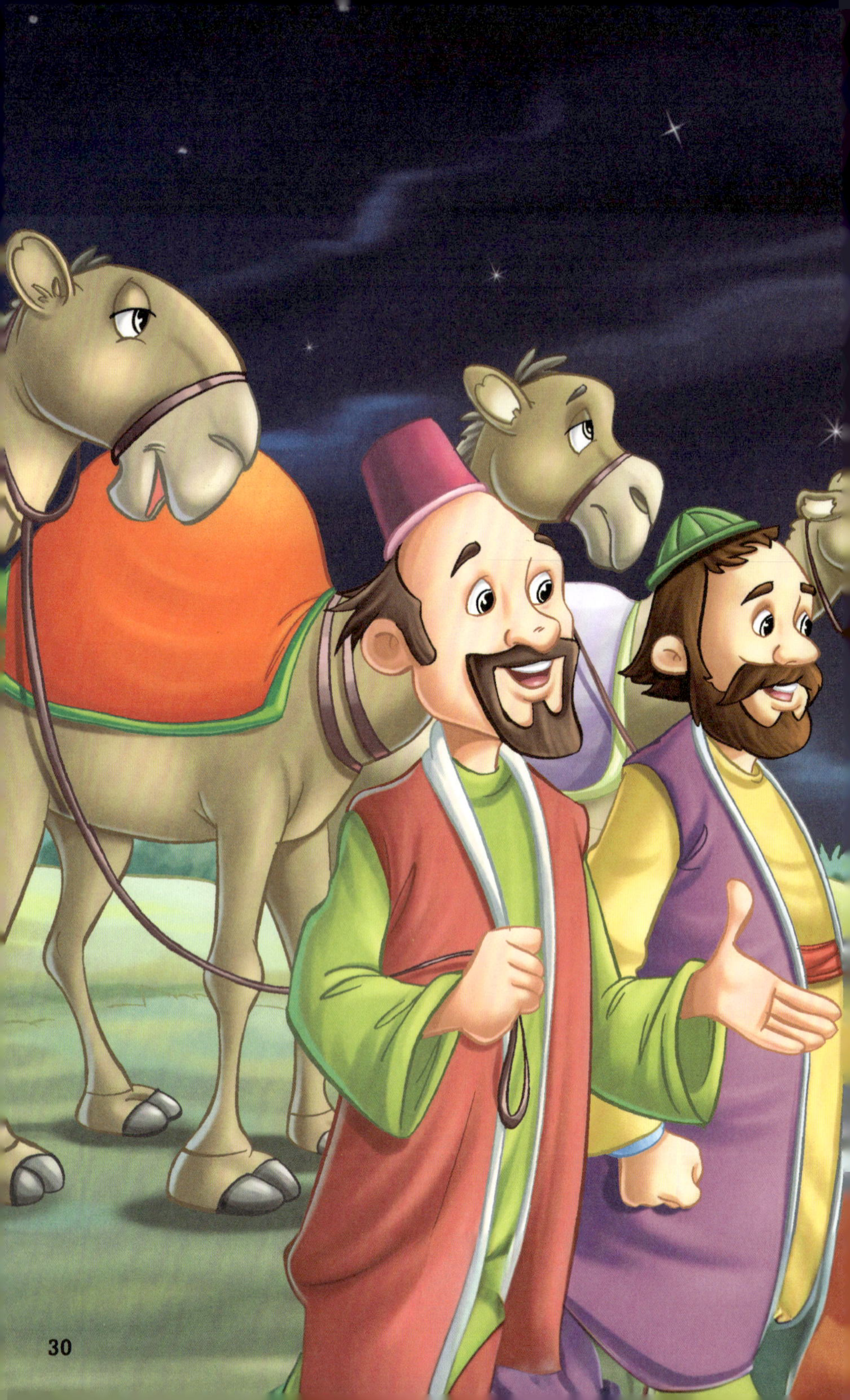

OS REIS MAGOS

JESUS NASCEU EM BELÉM, NA REGIÃO DA JUDEIA, NA ÉPOCA EM QUE HERODES ERA O REI. DEPOIS DO NASCIMENTO DE JESUS, ALGUNS REIS MAGOS DO ORIENTE QUISERAM VER A CRIANÇA. ELES NÃO SABIAM EXATAMENTE ONDE O BEBÊ ESTAVA, MAS VIRAM UMA ESTRELA DIFERENTE NO CÉU. ELES SEGUIRAM A ESTRELA E CHEGARAM EXATAMENTE NO LUGAR ONDE JESUS ESTAVA.

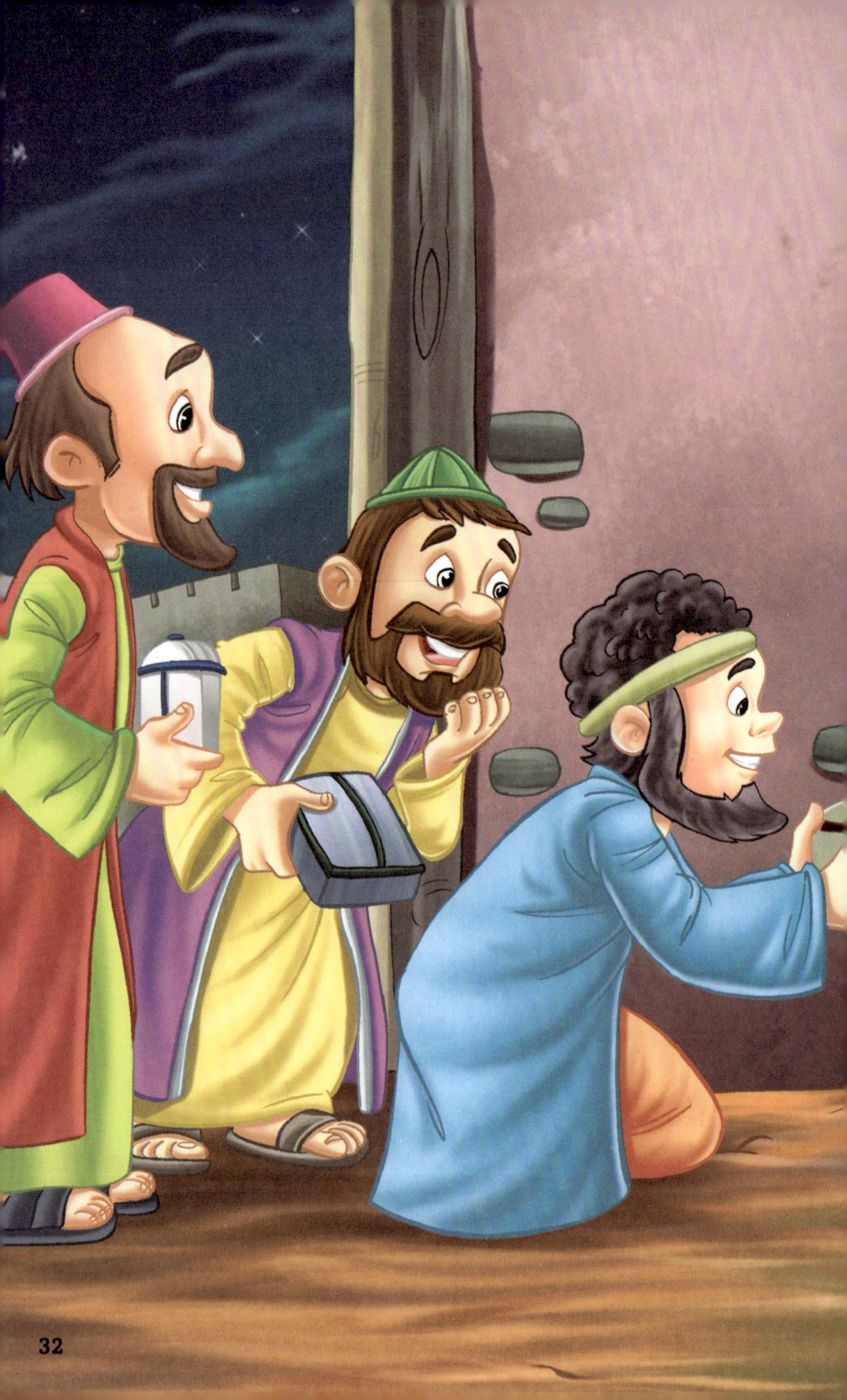

AJOELHADO EM ADORAÇÃO, UM DOS REIS MAGOS ENTREGOU A JESUS OS PRESENTES QUE ELES TINHAM TRAZIDO: OURO, INCENSO E MIRRA. MARIA AGRADECEU PELOS PRESENTES TRAZIDOS A JESUS, E OS MAGOS FORAM PROCURAR UM LUGAR PARA DORMIR. ENQUANTO OS REIS MAGOS ESTAVAM DORMINDO, ELES TIVERAM O MESMO SONHO. ELES NÃO DEVERIAM VOLTAR E DIZER AO REI HERODES ONDE ELES ENCONTRARAM JESUS. ENTÃO, ELES VOLTARAM PARA CASA POR OUTRO CAMINHO.

JESUS NO TEMPLO

TODOS OS ANOS, OS PAIS DE JESUS IAM PARA JERUSALÉM PARA A FESTA DA LIBERTAÇÃO. QUANDO JESUS TINHA DOZE ANOS, ELES FORAM PARA ESSA FESTA. DEPOIS QUE O FESTIVAL ACABOU, ENQUANTO OS PAIS ESTAVAM VOLTANDO PARA CASA, O PEQUENO JESUS FICOU EM JERUSALÉM, MAS ELES NÃO TINHAM PERCEBIDO. PENSANDO QUE JESUS ESTAVA JUNTO DELES, VIAJARAM POR UM DIA. ENTÃO, ELES COMEÇARAM A PROCURAR PELA CRIANÇA ATRAVÉS DE PARENTES E AMIGOS.

QUANDO ELES NÃO ENCONTRARAM JESUS, VOLTARAM PARA JERUSALÉM PARA PROCURAR O GAROTO POR LÁ. DEPOIS DE TRÊS DIAS, ELES O ENCONTRARAM NOS TRIBUNAIS DO TEMPLO, CERCADO POR PROFESSORES, ESCUTANDO E FAZENDO PERGUNTAS. TODOS ESTAVAM SURPRESOS COM O ENTENDIMENTO DO MENINO E DE SUAS QUESTÕES. SUA MÃE DISSE A ELE: — FILHO, NÓS ESTÁVAMOS PROCURANDO POR VOCÊ. — ENTÃO, JESUS VOLTOU PARA CASA COM SEUS PAIS.

37

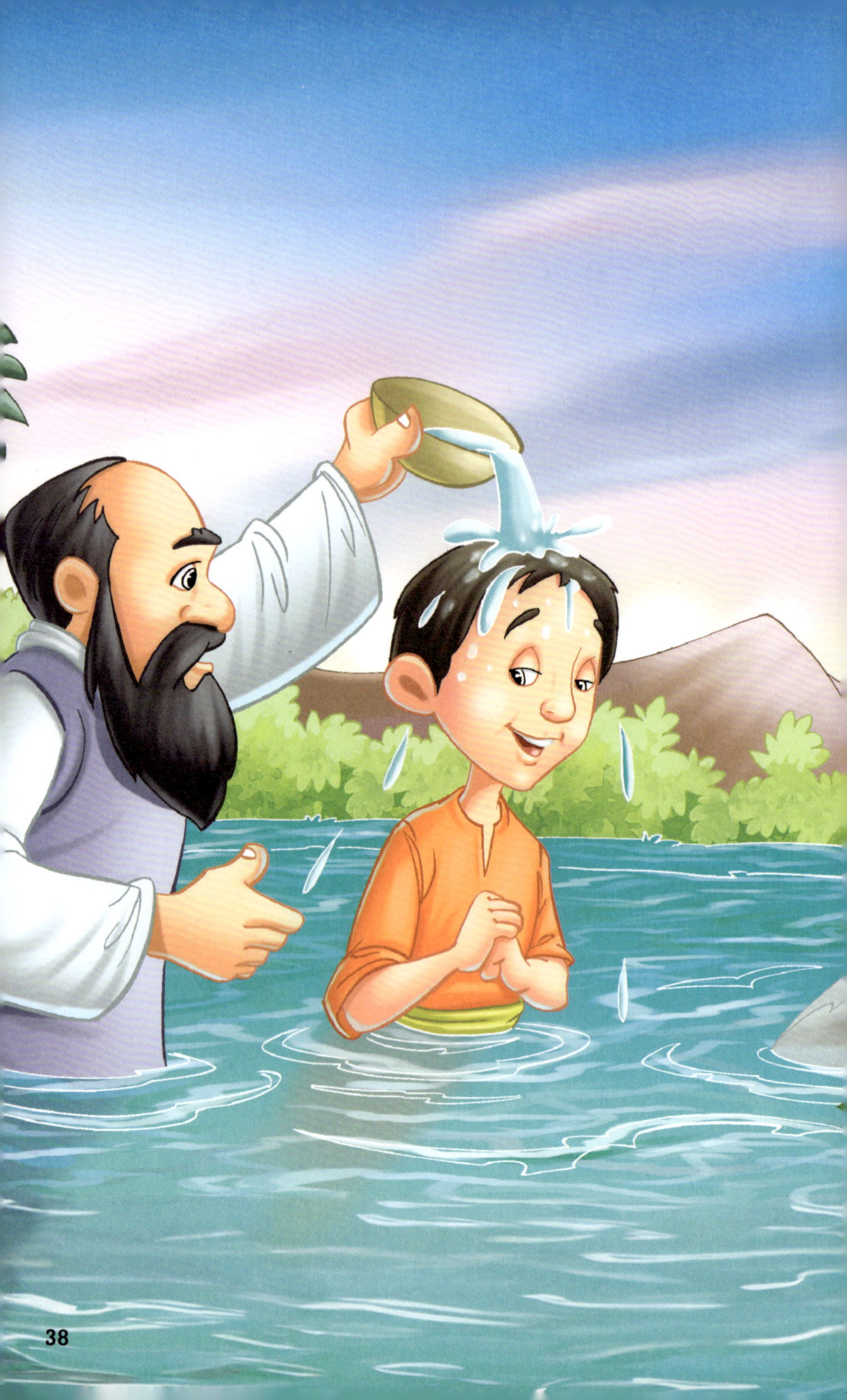

JOÃO BATISTA

JOÃO BATISTA FOI UM PROFETA DE DEUS. ANTES DE JESUS ASSUMIR SEU MINISTÉRIO, JOÃO JÁ ANUNCIAVA PARA AS PESSOAS DAS REGIÕES DE JERUSALÉM E DA JUDEIA A CHEGADA DO MESSIAS. ELE DIZIA PARA AS PESSOAS SE ARREPENDEREM DOS PECADOS E SEREM BATIZADAS. JESUS VEIO ATÉ JOÃO PARA SER BATIZADO.

O PRÓPRIO JOÃO SE PERGUNTOU POR QUE JESUS PEDIU PARA SER BATIZADO. ENTÃO, JESUS RESPONDEU: — QUE ASSIM SEJA; É APROPRIADO QUE FAÇAMOS ISSO PARA CUMPRIR A JUSTIÇA. — JOÃO, ENTÃO, CONSENTIU E BATIZOU JESUS. ASSIM QUE JESUS SAIU DA ÁGUA, O CÉU SE ABRIU, E O ESPIRITO SANTO DESCEU ATÉ JESUS NA FORMA DE UMA POMBA. TODOS OS QUE ESTAVAM NO BATISMO OUVIRAM UMA VOZ DO CÉU DIZENDO: — ESTE É MEU FILHO AMADO, QUE ME ENCHE DE ALEGRIA.

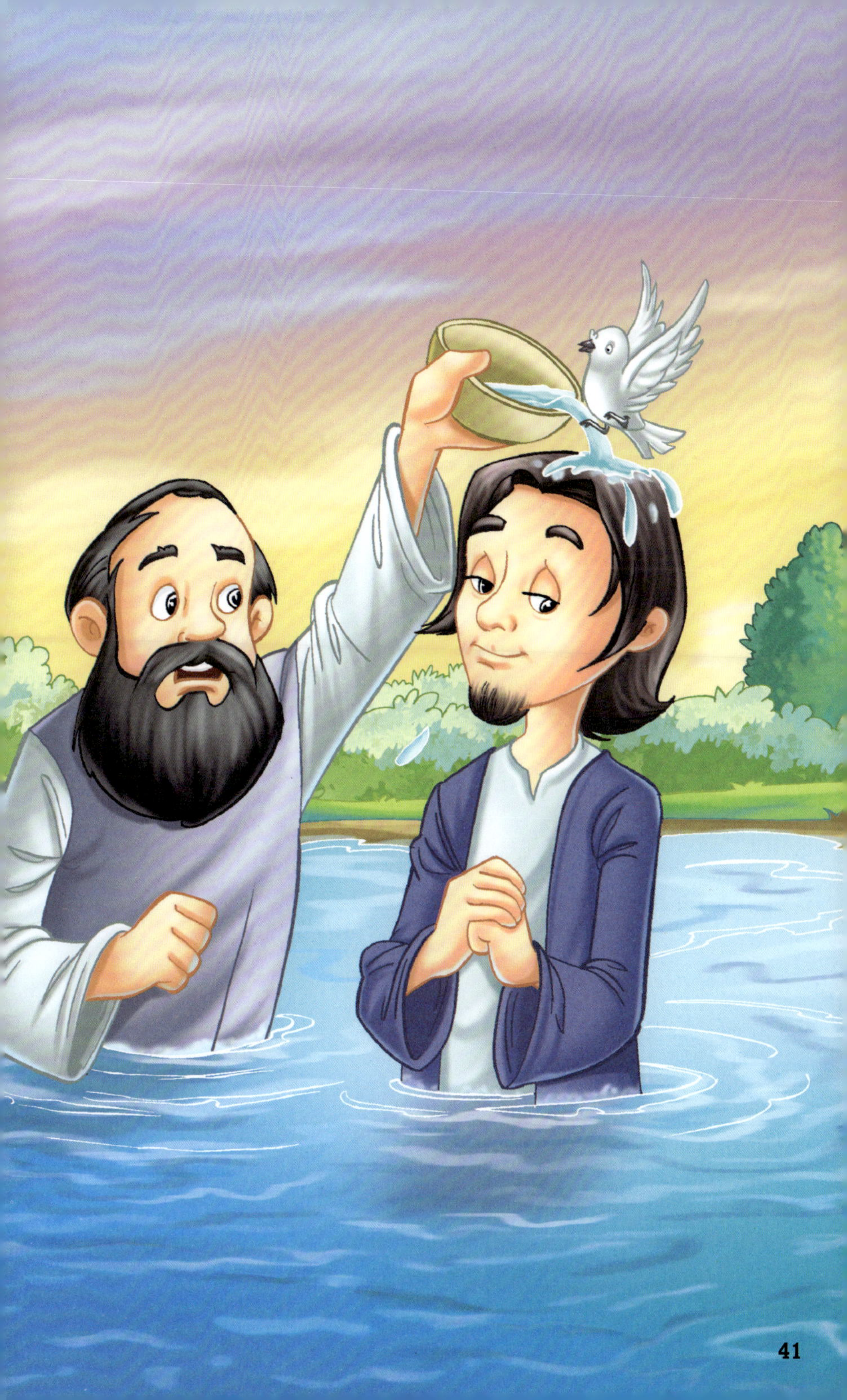

JESUS ESCOLHE SEUS DISCÍPULOS

UM DIA, ENQUANTO JESUS ANDAVA PELAS MARGENS DO MAR DA GALILEIA, ELE VIU SIMÃO E SEU IRMÃO ANDRÉ JOGANDO UMA REDE NA ÁGUA. ELES ERAM PESCADORES.

JESUS DISSE A ELES: — VAMOS, SIGAM-ME! EU VOU ENSINÁ-LOS COMO PESCAR PESSOAS EM VEZ DE PEIXES. IMEDIATAMENTE ELES DEIXARAM AS REDES PARA SEGUIR JESUS. ANDANDO UM POUCO ADIANTE, JESUS VIU TIAGO, FILHO DE ZEBEDEU, E SEU IRMÃO JOÃO.

ELES ESTAVAM EM UM BARCO. JESUS CHAMOU POR ELES, E ELES SEGUIRAM JESUS, DEIXANDO SEU PAI, ZEBEDEU. JESUS E SEUS DISCÍPULOS FORAM ATÉ A CIDADE DE CAFARNAUM. QUANDO CHEGOU O DIA SABÁTICO, JESUS FOI ATÉ A

SINAGOGA E COMEÇOU A ENSINAR. JESUS CONTOU ÀS PESSOAS DE TODOS OS LUGARES SOBRE ELE E SEU PAI NO CÉU. ELE CHAMOU DOZE HOMENS PARA AJUDÁ-LO A ESPALHAR A MENSAGEM SOBRE O AMOR DE DEUS.

SOBRE ESTE LIVRO

A BÍBLIA É O LIVRO MAIS SAGRADO DO CRISTIANISMO. HISTÓRIAS DA BÍBLIA SÃO FERRAMENTAS DE CONSTRUÇÃO DO CONSCIENTE. CRIANÇAS QUE LEEM A BÍBLIA SE TORNAM CONSCIENTES DAS SITUAÇÕES QUE AS CERCAM, E PODEM DISCORRER SOBRE MEIOS DE LIDAR COM OS PROBLEMAS DE SUAS VIDAS. APRENDENDO SOBRE A BÍBLIA, VOCÊ PODE AJUDAR SUAS CRIANÇAS A DESENVOLVEREM COMPORTAMENTOS CONSCIENTES QUE AJUDAM NA EVOLUÇÃO DA ESPIRITUALIDADE E NO AUMENTO DA FÉ. ESTE LIVRO É UM PRESENTE QUE CONTÉM PEQUENAS HISTÓRIAS, DE FÁCIL LEITURA E COM IMAGENS CLARAS PARA AJUDAR A CRIANÇA A DAR OS PRIMEIROS PASSOS PARA O ENTENDIMENTO DA BÍBLIA.